DES

ÉLECTIONS.

Imprimerie de F.-P. Hardy, rue Dauphine, n. 36.

DES ÉLECTIONS.

CE QU'IL FAUT FAIRE,

OU

CE QUI NOUS MENACE.

PAR M. FRÉDÉRIC, *Eligible*.

Il n'est rien qu'on ne puisse attendre des Français, lorsqu'il s'agit de défendre la liberté contre la tyrannie, la propriété contre le brigandage, la Charte constitutionnelle contre un monstrueux despotisme.

(*Préambule de l'ordonnance du Roi, du 11 Mars 1815.*)

Prix : 1 franc 50 centimes.

PARIS,

Chez TERRY, LIBRAIRE, GALERIE DE BOIS, N°. 231, AU PALAIS ROYAL, ET COUR DES FONTAINES, N° 1.

Septembre, 1821.

CE

QU'IL FAUT FAIRE,

OU

CE QUI NOUS MENACE.

La session de 1820 est terminée; le moment des nouvelles élections approche; quels en seront les résultats? La France est-elle destinée à l'esclavage ou appelée à jouir de la liberté? Electeurs, élite des citoyens français, les destins de la patrie sont entre vos mains : c'est à votre vote que vos concitoyens, vos enfans devront l'esclavage ou la liberté, les priviléges de quelques uns ou l'égalité de tous.

La Charte, ce pacte d'alliance entre un grand peuple et son Roi a été violée, nos plus chères libertés ont été offertes en holocauste sur le corps d'une victime royale. Depuis deux ans, la liberté, la fortune, l'honneur, la vie des citoyens, sont livrés à la merci d'un horrible triumvirat.

La France marche à pas précipités vers l'ancien régime; 1815 est devancé. Une loi d'élections, violatrice de la Charte, scellée d'un baptême de sang, nous a été imposée comme un gage assuré de la victoire des aristocrates.

Déjà la caste nobiliaire, cette souche pourrie aux

rejetons parasites, accapare les emplois, l'argent et les honneurs. Des diplomates corrompus ou ignorans, ravalent, flétrissent, avilissent, dans les cours étrangères, la dignité de la nation ; d'avides courtisans éloignent du Conseil d'État les amis les plus désintéressés du peuple ; des nobles insolens, des militaires inertes placés à la tête de nos bataillons, abreuvent de dégoûts le reste des braves que sût respecter le sort des combats. Frelons voraces, ils veulent tout, ils ont tout, ils infectent tout.

Si on laisse faire ces enfans de la féodalité, ces descendans d'ayeux méprisables, voleurs ou assassins qui désolèrent l'Europe, pillèrent les marchands, enlevèrent les femmes, bouleversèrent l'État sous les successeurs de Charlemagne(*a*), dont les titres, objets de mépris et de ridicule, ne furent souvent que le prix du crime, de la honte, de la bassesse, ou de quelques écus(*b*)si on les laisse faire, bientôt la France plébéienne aura perdu tout ce qu'elle avait conquis, tout ce qu'elle pouvait espérer, tout ce qui avait été promis et juré. En vain, alors, le peuple reclamera-t-il, il n'en sera plus temps ; en vain la belle génération qui s'élève, versera-t-elle de nouveau son sang pour l'héritage de gloire qui lui avait été légué, il sera trop tard : les derniers coups auront été portés ; l'oligarchie triomphera, la contrerévolution sera consommée. Alors, pour être digne de servir le Roi, il faudra n'avoir jamais servi la patrie ; les vainqueurs de Fleurus, d'Austerlitz, d'Iéna, seront repoussés, le patrimoine de l'enfant légitime deviendra le partage du bâtard de l'honneur, et la sentence de mort prononcée par l'édit autrichien contre les Carbonari, s'étendra aussitôt sur la tête des libéraux Français.

Déjà, on l'a dit à la tribune, vingt brochures l'ont annoncé et nous le répétons ; déjà, dis-je, la liberté individuelle garantie à chaque citoyen par l'article 4 de la Charte, est remise à la discrétion des ministres et de leurs dix mille agens ; la liberté de la presse, ce palladium de nos libertés, consacrée par l'article 8, que Robespierre lui-même, cet homme de hideuse mémoire, respecta, n'existe plus. Sous l'ancien régime, on permettait à Corneille, à Racine, à Voltaire, de faire admirer au théâtre les républiques grecques et romaines, et la cour n'était point effrayée des éloges qu'on donnait à Brutus. Sous Louis-le-Désiré, on proscrit les chefs-d'œuvres de nos grands hommes, et même le vrai Figaro est banni de la scène ; l'oubli commandé par le monarque, pour les votes et opinions émis jusqu'à la restauration, n'a été observé, ni par les ministres, ni par les tribunaux, ni par les citoyens. L'article 62 de la Charte disait : « nul ne sera distrait de ses juges naturels ; » et cependant des citoyens ont été bannis sans jugement, et n'ont éprouvé à l'étranger que persécutions de la part des agens diplomatiques qui devaient les protéger : le droit de pétition, un des plus beaux attributs du régime constitutionnel, une des plus fortes garanties pour les libertés civiles, accordé par l'article 53 est rendu illusoire ; l'article 69 de cette même Charte, promettait aux militaires en activité, aux officiers et soldats pensionnés, la conservation de leurs grades, honneurs et pensions; cependant depuis six ans, des ordonnances sans cesse renouvelées, mettent à la demi-solde les anciens défenseurs de la patrie, ou destituent sans traitement les enfans de l'honneur et de la gloire, ou dépouillent les dotés de la récompense accordée à leur courage pour en gratifier des transfuges qui, au jour des orages, ont abandonné leur Roi et la France, et ne sont revenus après la tempête, que pour rapporter des fers à la nation (c), la Légion-d'Honneur est maintenue par l'article 72, et cependant, ce glorieux signe, prix du courage et du dévouement à la patrie, ne reçoit plus le traitement promis, et est dégradé par la profusion avec laquelle on l'a distribué aux derniers agens du gouvernement, à des commis de la poste, à des folliculaires, à des directeurs de spectacles des boulevards, et même à des geoliers! Les citoyens languissent des années entières dans les cachots de l'arbitraire sans pouvoir être jugés, ou ne parviennent à ce terme, qu'après avoir subi de longs et captieux interrogatoires, après que leur santé s'est altérée, et leurs forces se sont épuisées dans les tourmens du secret, et ils n'arrivent, dis-je, à ce terme, que pour subir la menaçante épreuve d'un jury choisi par la plus révoltante partialité (d). Les auteurs, les imprimeurs, les libraires remplissent les prisons; cent journaux ont été supprimés dans un jour, et quoiqu'il soit de droit naturel de se servir de sa plume, comme de sa langue, à ses périls, risques et fortune, la proscription atteint la pensée et la renommée est mise aux fers.... La tribune nous restait; les vérités en descendaient librement, des voix courageuses les faisaient entendre à la France, elles répondaient aux diatribes de nos ennemis, elles repoussaient le despotisme, elles vengeaient la nation des excès du ministère.... Le bâillon vient d'être voté pour nos défenseurs.

On ne veut plus d'esprit public, et on le punit dans les citoyens patriotes. On ne veut plus d'esprit d'opposition, et on l'étouffe par des rappels à l'ordre. Sous l'ancien régime, on croyait aux miracles religieux et politiques, à l'infaillibilité des ministres ; l'homme écoutait et croyait. De nos jours l'esprit humain, dans sa maturité, ne croit plus sur parole. Pour lui donner des lois, il faut lui persuader qu'elles lui sont nécessaires, il faut compter, raisonner avec lui ; il faut se soumettre à la contradiction, il faut prouver avant de convaincre, il faut avoir raison avant de commander. L'esprit public est le juge du gouvernement. A des mesures iniques, il peut opposer une résistance d'inertie ; avec lui, on ne peut gouverner en despote, et on voudrait l'anéantir sous les fers de l'esclavage, et on voudrait remplacer cet esprit national qui, à Rome, faisait trouver des acquéreurs pour le champ qu'occupait Annibal ; qui faisait remercier le consul vaincu, pour n'avoir pas désespéré de la république ; qui, après une bataille perdue accélérait les enrôlemens au champ de Mars, et ne faisait parler de paix qu'après la victoire, par une coupable et honteuse insouciance. Sous l'ancien régime, les parlemens étaient exilés quand ils cessaient de se conformer positivement aux volontés royales. Louis XIV allait en habit de chasse au parlement, et le fouet à la main faisait enregistrer des édits contre lesquels on lui avait fait quelques remontrances. L'opposition retient les ministres dans leurs envahissemens sur les libertés publiques, elle les contrarie dans l'exécution de leurs volontés arbitraires ; elle est la digue protectrice contre les vexations du pouvoir ; elle maintient l'autorité dans les limites que lui a tracées la constitution; elle force d'être juste, on voudrait la transformer en lâche servilité ; on voudrait faire de nos chambres législatives des parlemens impuissans ou un sénat muet à l'instar de celui de Bonaparte.

Si l'oligarchie triomphe, le gouvernement composé des partisans de la contre révolution contestera ces désirs ; alors on ne chicanera plus sur l'interprétation qu'on doit donner à quelques articles de la Charte, on ne la violera plus partiellement, mais on la remplacera par le pouvoir absolu ; alors, comme dans le bon vieux temps, plus de liberté de la pensée, plus de liberté d'opinions, plus de liberté des cultes, l'ancien régime, avec son cortège affreux de superstition, de fanatisme, de bûchers, de bourreaux et de victimes, régira la France, on scrutera les consciences, on commandera aux sentimens, on forcera d'adorer ce qu'on ne peut concevoir ; alors renaîtront les tributs sur l'industrie et le commerce, les exactions qui font acheter le droit d'employer ses facultés à son gré, les lois qui gênent l'homme dans le choix de son travail (e) et dans l'usage de sa propriété, celles qui attachent les enfans à la profession de leur père, les confiscations, les tortures ; alors reviendra ce temps, où les hommes attachés à la glèbe étaient obligés à passer les nuits à battre les étangs pour empêcher les grenouilles de troubler le sommeil de leurs voluptueux seigneurs.

Le danger est pressant : des journaux censurés ont parlé du retour du droit d'aînesse, la chambre a retenti des cris de vengeance contre tous ceux qui ont pris part à la révolution ; elle a retenti d'imprudentes prétentions sur la restitution des biens nationaux ; les coryphées de la faction anti-nationale ont proclamé que le Roi, en sanctionnant la vente de ces biens, avait outrepassé les limites de son pouvoir ; des prêtres ont refusé les sacremens à des citoyens qui en possédaient (*f*) ; une Cour d'assises (1) a déclaré non coupable l'attaque formelle contre l'inviolabilité des biens nationaux, le ministère public a déserté une semblable accusation ; un pamphletaire (2), a pu écrire impunément sous la protection, peut-être sous la dictée de hauts personnages, « que l'opinion a imprimé aux biens nationaux un tel caractère de défaveur qu'on ne peut les posséder sans honte et sans audace. » Il a pu écrire, « que si les émigrés ne sont pas reconnus propriétaires des biens qu'on leur a enlevés, tout le système de la propriété est ébranlé en France. » Il a osé écrire, « que tant qu'on main-

---

(1) Celle de Paris, arrêt du 28 Avril 1821. M. Marchangy, P. G.
(2) M. Bergasse.

tiendra l'aliénation des biens des émigrés, la monarchie sera en péril. » D'autres écrivains monarchiques, ont désigné aux poignards les vendeurs de ces biens; ils ont dit : « que si lors de leur rentrée les émigrés les eussent mis en pièces, cet acte de vengeance eût été un malheur et non une injustice (1). » Et ces hommes n'ont point été poursuivis ou ont été absous par les tribunaux.

Le danger est pressant, car tandis que des tribunaux, une Cour souveraine, contre les principes immuables de la justice et de l'équité, affranchissent les émigrés réintégrés dans leurs biens, de l'obligation de s'acquitter de leurs dettes envers leurs créanciers (2); dans la Vendée, de certains droits de vigne abolis par la révolution ont été reclamés (3); dans d'autres provinces, des communautés entières d'habitans ont été assignées pour le payement de redevances féodales, et des Cours royales ont admis ces prétentions. (4)

Le danger est pressant, je le répète. On va au mal, a dit l'illustre père d'un de nos favoris du jour, par une pente rapide ; on ne remonte au bien qu'avec effort (5). N'attendons pas pour fuir l'orage que la foudre nous ait renversés.

---

(1) Brochure de M. le comte de Montlosier.
(2) Arrêt de la cour de Dijon du 12 Avril 1821.
(3) Kératry. *La France telle qu'on l'a faite.* pag. 65.
(4) Arrêté de la cour de Douai.
(5) Portalis. *Motifs du Code civil,* tom. 2 pag. 255.

Une voie légale nous est ouverte pour détourner de notre belle France les malheurs dont la menace l'aristocratie ; pour lui conserver sa gloire toute entière, pour nous conserver le fruit de trente ans de conquêtes, le résultat de trente années de travaux et de peines.

Cette voie de salut, je ne dirai pas qu'elle consiste dans la résistance à l'oppression ; qu'il faut faire à la patrie l'offre de nos bras pour reconquérir , par la force , le pacte social placé sous la sauve-garde de l'armée, de la garde nationale, de tous les citoyens (1).

Je ne dirai pas qu'elle réside dans la souveraineté du peuple. Je ne discuterai pas ce principe auquel Rome a dû sa grandeur, Athènes ses époques de gloire; la Suisse , la Hollande, les États-Unis, leur puissance, leur force et leur prospérité.

Sous l'empire des lois d'exception , je ne dirai pas non plus que le salut de la nation est dans la désobéissance à ces lois, je ne tâcherai pas de relever les peuples de leur serment de fidélité en préconisant cette opinion du célèbre Rousseau : « Que quand le » prince n'administre plus l'État selon les lois, et » qu'il usurpe le pouvoir souverain, le pacte social » est rompu ; et qu'alors tous les citoyens rentrés de » droit dans leur liberté naturelle , sont forcés mais » non pas obligés d'obéir (2)». Ou en leur disant avec un jeune publiciste : « Que dès que les lois n'offrent plus aux citoyens une garantie suffisante; dès qu'en les

---

(1) Art. 4 de la loi du 15 Mars 1815.
(2) *Contrat Social*, édition dédiée à la jeunesse Française.

violant on ne veut régner sur eux que par la force, le pacte social est anéanti, et qu'ils sont dégagés de toute obéissance, de toute fidélité, qu'ils rentrent dans les droits naturels, et qu'ils peuvent repousser la force par la force. (1)».

Mais je dirai aux Français : la France veut un Roi, et vous le possédez..... La France veut la liberté, et elle vous est restée comme la dernière consolation de vos revers, la dernière espérance de la patrie, consacrée par la Charte; elle suffit à vos besoins, mais elle vous est nécessaire; y renoncer, ce serait renoncer à votre qualité d'homme, aux droits de l'humanité, même à vos devoirs; une telle renonciation est incompatible avec votre nature; elle est au-dessus de votre volonté. La Charte vous a été donnée, œuvre d'un Roi instruit par le malheur, elle remplace toutes les constitutions précédentes. Vous l'avez acceptée; son maintien a été juré par son auteur et sa famille; « aucun des articles n'en doit être révisé (2) »; elle fait sa légitimité, elle fait votre force ; sa destruction causerait votre ruine. Si on l'attaque, vous devez donc la défendre.... Mutilée, on la menace de nouveaux coups »..... Défendons en elle, nos femmes, nos pères, nos enfans, nos propriétés, contre la tyrannie qui les menace (3) »; arrachons le crêpe funèbre qui la cache à nos yeux; affermissons-

---

(1) Léon Thiessé, *Lettres normandes*, tom. 11 pag. 112.

(2) Ordonnance du 5 Septembre.

(3) Proclamation à l'armée, du 12 Mars 1815.

là par la promulgation des lois fondamentales pro-
mises par le monarque, et que nos voix, que l'adni-
madversion générale, chassent du timon des affaires
les mauvais pilotes qui ont mené le vaisseau de l'Etat
vers l'abîme où il est prêt à s'engloutir, et qu'à l'avenir
de sages lois, cessant d'assurer l'impunité au crime,
apprennent aux fauteurs de l'arbitraire à respecter les
droits des nations.

Pour atteindre ce but, sans secousses, sans agita-
tion, sans violence, un moyen est offert aux électeurs de la France, un moyen légal que la dernière
loi d'élection, toute vicieuse qu'elle est, ne leur a
point enlevé.

Nous voulons la liberté, parce que la liberté fait
prospérer les Etats. Nous voulons des institutions
sociales conformes aux véritables lois de la nature,
parce que les peuples qui en jouissent en sont meil-
leurs et plus heureux. Eh bien ! rendons-nous dignes
de cette liberté après laquelle nous aspirons, et puis-
qu'elle fait naître l'amour de la patrie, puisque cette
passion sublime dispose aux sentimens généreux,
montrons que cette passion anime aussi nos âmes,
repoussons toute loi qui enchaîne inutilement notre
volonté ou nos actions, parce qu'une telle loi, de
l'avis d'un respectable professeur, est contraire à la
liberté (1); craignons l'ombre même de la tyrannie,
parce que cette apparente illusion pourrait être le despotisme lui-même ; car, comme l'a dit l'illustre

______

(1) Toullier, *Droit civil des Français*, tom. 1, pag. 176.

Montesquieu : « Toujours lente et faible dans ses commencemens, comme elle est prompte et vive dans sa fin, la tyrannie montre d'abord une main pour secourir, et opprime ensuite avec une infinité de bras (1) »; mettons dans l'exercice de nos droits politiques le zèle que les citoyens d'Athènes et de Rome, portaient aux grands intérêts de la patrie. Nommons pour députés de la France, des citoyens vertueux, fermes, justes, indépendans, que rien ne puisse intimider, qu'aucune promesse ne puisse égarer; de ces hommes que la liberté, à son aurore, a trouvés enthousiastes de ses principes; qui ont traversé le front levé tous les orages révolutionnaires, que les gouvernemens persécuteurs ont successivement opprimés; que le pouvoir dans ses empiétemens sur la liberté a toujours rencontrés ou rencontrera sans cesse sur sa route comme un obstacle; qui n'ont accepté de place que quand il y avait du patriotisme, du danger à les occuper; de ces hommes enfin qui, à l'exemple des Lafayette, des Dupont de l'Eure, des Girardin, des Daunou, soient l'ornement de notre législature, la terreur de tout ministère proscripteur et injuste; et par de telles nominations, les électeurs de la France auront sauvé la patrie.

Pour atteindre ce but, pour repousser de la députation les hommes de la contre révolution, ceux qui fuyant le péril, y ont lâchement abandonné leur Roi après l'y avoir précipité, et ont couru chez l'étranger solliciter, réclamer le ravage et l'incendie de

____

(1) *Esprit des lois*, liv. 14, chap. 13.

leur patrie ; ceux qui, rentrés à la suite des bagages
de l'Anglais, du Cosaque ou du Kalmouck, ont
poussé des cris de joie devant les spoliateurs de nos
caisses publiques et de nos musées ; ceux qui chan-
gèrent en cris de vengeance l'oubli commandé par le
monarque ; ceux qui transformèrent en deuil l'enthou-
siasme universel que le retour des Bourbons pro-
duisît en France ; ceux qui ont demandé des pros-
criptions ; ceux qui ont appelé *impies* les victoires rem-
portées par nos armées ; ceux que nos vétérans, ces
créanciers de la patrie et de l'honneur, ont toujours
trouvés comme adversaires dans leurs justes réclamations ; ceux qui sacrifieraient les libertés gallicanes à
un bref de la cour de Rome ; ceux qui voudraient voir
encore notre belle France en feu, notre prince en
terre étrangère, pourvu que le seigneur du fief reçût
l'encens, perçût les lods et ventes, envoyât les bra-
conniers aux galères ; ceux qui osent dire enfin, qu'ils
sont tout, que le peuple n'est rien.

Ou bien, pour repousser encore les favoris du pouvoir, ces âmes vénales, caméléons politiques, vendus
à tous les gouvernemens, ces hommes dont le but a
toujours été d'étouffer les discussions, dont le mot
d'ordre a toujours été la question préalable, qui n'ont
jamais voté courageusement que la clôture, qui ne
sont sensibles qu'à un dîner, qui n'ambitionnent que
des faveurs et des places ; il faut non-seulement que
le choix fait par chaque électeur constitutionnel,
soit l'expression de sa conscience, de son patriotisme, que le choix de chacun d'eux se réunisse sur

le même citoyen ; mais il faut encore que la patrie n'aie plus à se plaindre de l'indifférence de ses fils ; il faudrait qu'il cessât de se rencontrer sur la terre classique de la liberté moderne , de ces libéraux pusillanimes et craintifs , qui , paisiblement assis auprès de leurs foyers , ou remplissant nos cabinets littéraires , nos promenades , nos cafés , déclament du matin au soir contre la timide résignation des Français , et ne font rien eux-mêmes pour la défense de leurs droits ; il faudrait qu'il cessât de se trouver de ces prétendus modérés , qui , soigneux seulement de se tenir à l'écart , imperturbables sybarites , attendent le jour de la régénération de la France , comme les Juifs attendent le Messie ; ils aiment la liberté , mais ils n'osent la défendre ; ils redoutent l'arbitraire , mais ils n'osent le détruire.

Est-ce en s'abandonnant aux vents qu'on arrive plutôt au port ? Est-ce en fuyant les colléges électoraux , en ne prenant point part aux élections que les libéraux assureront la majorité aux défenseurs de la patrie , et que les modérés jouiront du repos que leur indolence réclame ? Non ! l'oligarchie triomphera. Et comme dans les temps de notre révolution , des cannibales nouveaux ne tarderont pas de regarder comme ennemis ceux qui ne sont pas toutà-fait leurs amis , de faire criminels ceux qui ne veulent point être leurs complices , ne ressemblons pas au caraïbe imprévoyant que nous dépeint Rousseau , que rien n'agite , qui se livrant au seul sentiment de son existence actuelle , sans aucune idée de l'avenir, quelque prochain qu'il puisse être, vend le matin son lit de coton, et vient pleurer le soir pour le racheter, faute d'avoir prévu qu'il en aurait besoin pour la nuit prochaine.

Pour sauver la France, il faut que chaque citoyen, ami de l'ordre, amant de la liberté, fasse à la patrie le sacrifice de tout son patriotisme.

Il faut qu'aux prochaines élections tous les libéraux se fassent une obligation de se trouver aux colléges, qu'à l'exemple des ventrus et des ultras, ils centralisent leurs opérations. Si ceux-ci se servent de leur ascendant sur les maires, les percepteurs, les fonctionnaires de toutes espèces et de tous grades ; s'ils emploient la violence, la corruption et l'artifice, que les constitutionnels éclairent le peuple sur ses vrais intérêts, qu'ils employent des moyens de persuasion, qu'ils essayent ceux mis si heureusement en usage dans le département de la Sarthe, lors de l'élection de messieurs Lafayette et Benjamin-Constant.

Que dans chaque chef-lieu d'arrondissement électoral, un premier noyau d'électeurs, bien franchement constitutionnels, se réunissent pour s'occuper des élections, pour établir des rapports entre les cantons ;

Que ce noyau, composé d'une huitaine d'électeurs, choisisse deux de ses membres dans chacun des cantons de leur arrondissement ;

Que ceux-ci soient chargés de visiter les électeurs habitans leur canton respectif ; qu'ils en sachent le nombre et dressent une liste indiquant l'opinion de chacun d'eux ;

Qu'ils soient chargés d'exciter les constitutionnels les moins actifs à remplir leurs droits politiques, leurs devoirs de citoyens ; qu'ils les aident dans leurs réclamations près des agens du pouvoir, lorsque par les plus criantes injustices, par les plus indignes, les plus révoltantes chicanes, on voudra exclure du collége le citoyen qui paie le cens voulu par la loi ; qu'ils détruisent près l'homme timide les craintes que l'autorité voudrait lui faire concevoir, afin de lui extorquer son vote ; qu'ils animent le courage, qu'ils réveillent le patriotisme ;

Alors, certain du nombre des votes sur lesquels, dans chaque canton, les libéraux peuvent compter ; sur ceux qu'auront leurs adversaires, qu'ils transmettent ces renseignemens au comité formé dans chaque chef-lieu d'arrondissement ; que là on s'explique sur les candidats ; qu'on règle définitivement les choix, et qu'au jour de la réunion chaque électeur constitutionnel donne son vote au citoyen indiqué.

S'il y a division sur les choix, que les éligibles qui ont le moins de suffrages en leur faveur, sacrifient noblement leurs desirs au bien public ; qu'ils quittent les rangs de la candidature ; qu'ils joignent leurs votes à ceux de leurs amis pour les réunir sur la tête d'un plus heureux concurrent ; qu'ils imitent le lacédémonien Pédarète, qui, s'étant présenté pour être admis au conseil des Trois-Cents, et ayant été rejeté, s'en retourna tout joyeux de ce qu'il s'était trouvé dans Sparte trois cents hommes valant mieux que lui.

En suivant cette marche, en ayant soin de porter la plus grande attention au dépouillement des scrutins, en dédaignant les menaces comme les faveurs des préfets, des sous-préfets, des maires, des percepteurs, des procureurs du Roi, des juges de paix, des commis, des gendarmes et autres agens transformés en commissaires électoraux; en portant leurs suffrages sur l'homme vertueux, sur l'ami de son pays, sur l'ennemi du despotisme et de la féodalité, les électeurs français sauveront la France et secoueront pour jamais le joug humiliant et honteux de quelques partisans de la Vendée ou de quelques soldats de Coblentz.

Dix-sept départemens réélisent cette année leurs députés; le côté droit et le centre, que réunit aujourd'hui une alliance liberticide, perdront soixante-dix-sept de leurs membres, le côté gauche ne se trouvera affaibli que de sept députés (1); les réélections pourraient - elles être contraires à ceux qui ont repoussé de tout leur pouvoir l'arbitraire illimité, à ceux qui ne veulent que le bonheur de la France, la prospérité de la patrie?

Une voie de salut est offerte aux électeurs; nous la leur avons indiquée. Ils l'employeront parce qu'il n'y a qu'un esclave qui puisse voir des chaînes sans frémir; parce qu'il n'y a qu'un esclave qui puisse

_____

(1) Voyez le tableau ci-après.

CINQUIÈME SÉRIE SORTANT EN 1821.

Départemens.	Ministériels et Ultras.	Libéraux.	Départemens.	Ministériels et Ultras.	Libéraux.
'rdèche....	D'Adrespt de Chorière. Rouchon. De Vogué.		Lot-et-Garon.	Dijon. Rivière. De Vassal. De Sansac. Delasilvestrie.	
Arriège.....	Fournier.		Marne......	Froc de la Boulaye. Ruinard. De Lallot. De Loison.	Royer-Coll
Aveyron	Bonald. Clausel de Coussergue. Dubruel. Delauro. Demontujouls		Pas-de-Calais.	Francobille. Herlincourt. Blanquart-Bailleul. Blondel d'Aubord. Lallart. De Framecourt.	Harlé.
Calvados	De Corday. De Folleville. Hautefeuille. Herou't de Hottot. Daigremont. Bazire. De Vaublanc.		Puy-de-Dôme.	Bayet. Chabrol de Tournal. Favard-Langlade. Montaignac. Amariton. D'Anbières. Chabrol de Crouzol.	
Charente	Albert. Dupont. Dupuy. Descordes.		Pyrénées-Or ..	Durand. Poyduvant.	
Garon. (Hte.)	Limairac. Puymaurin. Ricard. Devillèle. Castelbajac. Dechalvet. Hocquart.		Seine-et-Oise.	Bizemont. Jumilhac. Usquin. Bertin Devaux. Bouthilier. Haudri de Sanci.	Delaitre.
Jura	Gagneur. Devaulchier.	Jobez.	Var.........	Aurran-Piérefeu. Chateaudouble. Siméon. D'Entrechaux. De Gasquet.	
Loir-et-Cher.	Josse-Beauvoir. Sallabery. Pardessus.		Yonne.......	Hay. Jacquinot de Pampelune. Villefranche. Bourrienne. Dechatellux.	
oire-Infér..	Barbier. Ducambout. Richard. Revelière.	St.-Aignan.			
urthe.....	Bourcier. Jankovics.	Louis. Lafrogne.			

préférer le pouvoir absolu , à un gouvernement représentatif bien constitué , où les hommes seraient vraiment libres, et où, jouissant sous de bonnes lois, de tous les droits qu'ils tiennent de la nature, ils seraient à l'abri de toute oppression étrangère. Ils l'emploieront, parce que vingt-cinq millions d'hommes ne seront pas assez lâches pour vivre dans le vasselage de quatre-vingt mille nobles; parce que cinq millions de citoyens en état de porter les armes, n'iront pas plier le genou, rendre foi et hommage devant une poignée de transfuges et quelques milliers de chouans (1).

Qu'ont fait pour la France , qu'ont fait pour leurs mandans les députés de la cinquième série ? A l'exception de MM. Jobez, St.-Aignan, Royer-Collard, Lafrogne, Louis, Harley et Delaître, tous ont escompté leurs votes contre les libertés de leur pays ; tous ont reçu des places , des honneurs , des dîners, des pensions, et nous ont donné *l'arbitraire paternel,* réclamé par M. Pasquier.

Les vrais patriotes sont partout en immense majorité ; qu'ils regardent, et ils verront partout les antiques amans du despotisme comme perdus au milieu d'une immense population imbue d'idées libérales ; qu'ils se comptent et ils verront qu'il ne tient qu'à eux d'avoir une bonne représentation nationale. Ils n'ont qu'à remplacer des suppôts de la .tyrannie, des

---

(1) D'après les calculs de Lavoisier et de Lagrange, les nobles sont dans la proportion de un à trois cents.

courtisans avides , des nobles insolens , des fauteurs
de l'arbitraire , par des citoyens connus par leur sé-
vère probité , des pères de familles , des acquéreurs
de domaines nationaux , des hommes intéressés de
toute manière , à ce que la nation ne soit point avilie;
et , ni l'anarchie , ni le despotisme ne se releveront
jamais. Qu'on me ramène aux carrières , disait Phi-
loxènes à Denis qui voulait avoir sa voix. Comme
les Dupont de l'Eure , comme les Girardins , comme
les Camille-Jourdan , qu'on nous enlève nos places ,
nos emplois , doivent répondre aux ministres, les re-
présentans de la France , plutôt que de violer leur
mandat. Qu'ils craignent, suivant le beau précepte de
Zaleucus , premier magistrat des Locriens , ce qui
mène à l'ignominie , bien plus que ce qui conduit à
la pauvreté. Qu'ils ressemblent à ce Thraseas, qui,
exhorté à faire quelques soumissions à Néron, répondit : quoi, pour prolonger ma vie de quelques jours,
je m'abaisserais jusque là ? Non ! la mort est une dette,
je veux l'acquitter en homme libre , et non la payer
en esclave ; ou bien , à l'illustre Curran , membre
du parlement d'Irlande , qui, menacé de la prison ,
dans une cause où il s'emportait pour les droits du
peuple , répondit au président : « allez préparer mon
cachot, faites y apprêter mon lit de paille, j'y passerai
une nuit plus tranquille que dans un fauteuil désho-
noré...... Députés ! voilà les exemples à suivre.......
Electeurs ! voilà les portraits des hommes que vous
devez investir de votre confiance. Ils sont rares ,
sans doute , cependant la France n'en est pas stérile.

Par la nomination de tels députés ; la France n'aura point à redouter le retour des sanglantes saturnales de 93. « Plus de révolutions, plus de changemens, plus de guerres étrangères et jamais de guerres civiles, » s'écrieront avec un illustre professeur (1), s'écrieront avec tous les hommes qui aiment leur patrie, ces élus de la grande nation satisfaits de l'égalité devant la loi, contens des garanties que la Charte leur assure : les libéraux, ainsi qu'on les en accuse, ne rêvent ni le rétablissement de la république sur les ruines de la monarchie, ni le renversement des autels d'un Dieu de paix et de miséricorde *devant les dogmes anti-sociaux de l'athéisme*, ni ne cherchent à fomenter les désordres de l'anarchie. La révolution ne fut point l'ouvrage de la classe plébéienne. Ce ne fut point à la cupidité des *vilains* que Louis XVI sacrifia les derniers écus du trésor public; ce ne fut point le tiers-état qui refusa l'accroissement des contributions que les déprédations des nobles, des ministres, des favoris et des maîtresses avaient rendu indispensables; ce ne fut point le tiers-état qui provoqua les états-généraux ; ce ne fut point lui qui excita le clergé à l'avarice, la noblesse à l'ingratitude et à la félonie, et mit toute la France en insurrection. La révolution n'est pas non plus l'ouvrage de la génération nouvelle; et quoiqu'on la taxe de jacobinisme, « elle doit, a dit, en défendant sa propre cause, un jeune dé-

---

(1) M. Tessot, professeur de poésie latine au collége royal de France, destitué en 1821

fenseur de nos libertés (1); elle doit à son âge le précieux avantage d'hériter de la révolution et de ne l'avoir point faite; de n'avoir pris part à aucun excès politique, et par là, de pouvoir proclamer, le front levé, la liberté légale, la haine du despotisme et de l'anarchie, l'amour de l'égalité politique, la haine des priviléges de tous genres et des oligarchies de toutes espèces, parce qu'elle n'a aucun antécédent en opposition avec son langage, et capable de faire suspecter ses intentions. »

Les libéraux bénissent les grands résultats de 89, mais ne rêvent point le rétablissement de la république. Ils ne désirent point ce rétablissement; non parce que l'ombre sanglante et hideuse de Roberspierre les effraie. La nation n'est point responsable des crimes de quelques hommes. Non, parce qu'ils croient avec Rousseau (2) « qu'un pareil gouvernement suppose des choses trop difficiles à réunir : qu'il veut un état très-petit, où le peuple soit facile à rassembler, où chaque citoyen puisse aisément connaître tous les autres; une grande simplicité de mœurs qui préviennent la multitude d'affaires et les discussions épineuses : ensuite beaucoup d'égalité dans les rangs et dans les fortunes; enfin, peu ou point de luxe... » Car Athènes, Rome, la Suisse, les Etats-Unis, répondent victorieusement aux opinions du citoyen de Genève, nous prouvent qu'il est possible d'obtenir une

---

(1) Carrion-Nisas, fils; *de la Jeunesse française*, p. 7.
(2) Contrat Social, édition dédiée à la jeunesse française, p. 78.

république sans anarchie, une liberté illimitée sans désordre, un système parfait d'égalité sans fac-tions, et font voir qu'un pareil gouvernement ne conviendrait pas uniquement, comme le dit l'auteur du Contrat Social, à un peuple de dieux, mais qu'il est à la portée des hommes, puisque des hommes, de grands peuples, de puissans Etats en savent jouir. Mais les libéraux ne rêvent point la ré-publique, parce qu'ils pensent qu'une monarchie constitutionnelle serait un plus sûr garant de la liberté publique ; parce que, sous un gouvernement repré-sentatif, les objets les plus importans pour l'homme, la sûreté, la liberté civile, la propriété, la juste ré-partition des impôts, la liberté du commerce et de l'industrie, leur sont aussi garanties que s'ils vivaient sous un Etat démocratique ; qu'ils sont à l'abri des orages que peut enfanter le gouvernement populaire ; et que si un gouvernement monarchique peut leur donner un Tibère, un Néron, sous lui, le peuple, par le courage des chambres législatives, peut obliger le Roi à la justice, ou conserver en lui-même assez de force pour briser le frein de l'esclavage.

Ils ne professent point les dogmes du matérialisme. Ils plaignent, au contraire, l'égarement de Cicéron, niant l'immortalité de l'âme ; ils s'affligent des impié-tés écrites par Lucrèce dans son cours d'athéisme ; ils gémissent sur Plutarque, doutant de l'existence d'un créateur. Avec tous les philosophes modernes, que l'esprit de parti accuse cependant d'impiété, ils re-connaissent et adorent un être éternel. Un catéchiste

de paroisse dit à des enfans qu'il y a un Dieu : New-
ton le prouve à des sages ; Rousseau, Voltaire le
prouvent à l'univers : Bacon dit que peu de savoir
rend athée; que la philosophie détruit l'athéisme. Les
libéraux rendent à Dieu un culte épuré par la justice, la tolérance et l'humanité. Ils ne croyent pas
qu'il suffise, selon les lois du christianisme, de ne
point faire à autrui ce qu'ils ne voudraient pas qu'on
leur fît à eux-mêmes ; mais, selon le beau précepte
de Confucius, ils font à leurs frères malheureux, ce
que dans le malheur ils desireraient qu'on fît à leur
égard. S'ils sont les ennemis de toute espèce de con-
trainte en matière de religion ; « c'est qu'ainsi que l'a
dit Rabeau-de-Saint-Etienne à l'Assemblée consti-
tuante, l'erreur n'est point un crime, celui qui
la professe la prend pour la vérité ; elle est
la vérité pour lui, il est obligé de la professer, et
nul homme, nulle société n'a droit de le lui défendre. (1)» S'ils dédaignent de soutenir leur croyance
par des bourreaux ; si leurs yeux se refusent à voir
inonder la terre de sang pour quelques différences
dans le mode de servir Dieu; si leur faible intelligence
repousse l'idée que l'Eternel a voué à des peines
éternelles les 99 centièmes de ses enfans nés hors
la religion catholique, c'est que le Rédempteur du
genre humain a commandé la tolérance à ses Apôtres :
« Allez et instruisez les hommes, en disant : Voici
que le royaume de Dieu approche ; et lorsque vous

____

(1) Choix des discours et rapports, tom Ier p. 245.

entrerez dans une ville ou dans un hameau , demandez qui sont ceux qui veulent vous écouter , et restez-y autant qu'il faudra pour leur apprendre ce que vous devez leur enseigner ; mais si l'on refuse de vous écouter, sortez , et soyez en tout prudens comme les serpens, et simples comme les colombes. » Les Missionnaires qui connaissent sans doute l'Evangile, imitent , il est vrai , les serpens , mais ne ressemblent guère aux colombes. ; si quelquefois ils laissent échapper des reproches contre le clergé français , c'est que , chargés par son divin fondateur d'être les avocats du pauvre , les appuis du persécuté , de recommander la justice aux rois, de secourir l'indigent, les prêtres, oubliant les devoirs que leur impose leur saint caractère et la mission que leur a conférée l'Eternel , ne prêchent plus aujourd'hui au peuple que l'obéissance la plus passive envers les puissances de la terre , et ne font plus descendre de la chaire de vérité, ces paroles des Massillon, des Fénélon, qui rappelaient aux princes , ainsi qu'aux courtisans , les devoirs que la religion leur impose à l'égard des peuples. S'ils se sont opposés au dernier projet de loi sur le clergé , présenté par le ministère , c'est parce qu'il accordait à l'opulence ce qu'il refusait à la misère, au luxe, au faste, à la somptuosité, ce qu'il refusait au besoin.

Les libéraux ne cherchent point non plus à fomenter l'anarchie , parce que ce torrent fougueux, formé de passions diverses , ne peut être ni dirigé ni maintenu ; parce que, comme le Patricien , le Plébéien, dans le cours de notre révolution, a peuplé les maisons d'arrêts , et que le roturier comme le noble a teint l'échafand de son sang.

Ils veulent un roi, parce que, sous un gouvernement constitutionnel , un roi est dans l'heureuse impuissance de faire mal ; que tenant , comme l'a dit Massillon , la première source de son autorité, du peuple , il doit et ne peut en faire usage que pour le peuple ; que sous lui , comme l'a dit Fénélon , c'est la loi et non l'homme qui doit régner (*g*); parce que, sous un tel gouvernement , la première loi du souverain étant , suivant le mot de Henri IV, de les observer toutes , on doit toujours, ainsi que l'a proclamé, il y a quatre siècles , un roi de France , suivre la loi , malgré les ordres contraires à la loi , que l'impétuosité pourrait arracher au monarque : les lois étant au-dessus du prince.

Ils veulent un roi , mais un roi régnant non-seulement par la grâce de Dieu et par droit de naissance, mais par la constitution, la justice, la bonté. Ils veulent un gouvernement monarchique, non à la manière de celui de Constantinople , où le grand Sultan dispose de ses sujets à sa volonté, où il les envoie au carnage sans qu'ils osent désobéir, où il les expose à leur ruine sans qu'ils osent murmurer ; où il les cède comme un vil troupeau à son vainqueur , sans qu'ils osent enfreindre ce pacte de sa toute-puissance , mais un gouvernement où le pouvoir exécutif tempéré, maintenu par le pouvoir législatif , ne soit pas assez puissant pour se rendre absolu , ni assez faible pour laisser envahir ses droits.

Ils veulent un gouvernement monarchique institué selon la Charte, qui assure aux citoyens l'égalité des droits, la liberté individuelle, la liberté des cultes, la liberté de la presse, la responsabilité des agens du pouvoir; qui ne laisse point au choix partiel d'un préfet la composition du jury, qui enlève la garde nationale à l'arbitraire de quelques chefs qu'elle ne s'est point choisis; qui appelle enfin les habitans des communes à nommer leurs officiers municipaux.

Quatorze siècles d'expériences, les malheurs, l'oppression des Français sous les descendans des Clovis et des Charlemagne, fondent nos craintes du pouvoir absolu, légitiment nos vœux, nos sollicitations d'un gouvernement constitutionnel.

Quel spectacle, en effet, présente la Cour de France dans les premiers siècles de la monarchie? Des souverains atroces, barbares, sanguinaires, superstitieux; des rois fainéans, des maires du palais absolus, despotes, meurtriers ou assassins.

Quel spectacle présente-t-elle sous les rois de la seconde et troisième races?

Des sujets audacieux dépouillant leurs maîtres et usurpant la couronne; des rois cruels inondant la terre du sang de leurs parens ou de leurs ennemis; des guerres injustes mettant plusieurs fois la France à deux doigts de sa perte, plaçant même l'étranger sur le trône; des guerres civiles nées de l'ambition des grands ou du fanatisme religieux des princes, décimant la France et la couvrant de bûchers, de bour-

reaux et de victimes; les Charlemagne, les Louis-le-
Débonnaire, les Charles-le-Chauve, les Lothaire, les
Robert, les Louis-le-Jeune, les Philippe-Auguste,
les Louis VIII, les Philippe-le-Bel, les Jean, les
Charles VI, les Louis IX, les Henri III, les Louis
XIV, teints du sang de leurs sujets, livrant la France
au brigandage de leurs soldats, ou la jetant dans la
servitude et la misère.

Voilà les règnes, les princes, les abominations qui
ont instruit les peuples sur leurs vrais intérêts; et aujourd'hui que l'instruction a élevé l'homme au-dessus
de la machine aveugle qui bêche ou qui rame, ou
de la bête de somme stupidement courbée sous le
poids du fardeau; aujourd'hui que les lumières ont
relevé l'intelligence humaine, long-temps abâtardie
par l'ignorance, les préjugés, le fanatisme; aujour-
d'hui que le feu grégeois des droits de l'homme a
brûlé sur toute la terre, partout un même cri se fait
entendre. Les peuples des deux hémisphères se réunissent pour que leur existence, placée sous la sauve-
garde des lois, soit désormais à l'abri des caprices
ou des crimes des potentats de la terre.

Quelques princes ont entendu, ont satisfait les
vœux, les besoins de leurs sujets; et la paix, le
calme, la prospérité ont été leur récompense.

D'autres ont heurté les idées du siècle, ont mé-
prisé les sollicitations, les clameurs de leurs peuples;
et des émeutes, des soulèvemens, des conspirations ont
compromis leur existence et la compromettent encore.

Quand le peuple craint pour lui, malheur à ses ty-
rans.

Le duc de Bade, en proclamant la constitution qu'il a donnée à ses Etats, a trouvé dans la popularité un appui nécessaire contre le démembrement qui menaçait son territoire.

Le roi de Wurtemberg s'est rendu fort et immortel en donnant le grand exemple d'un souverain qui conclut avec son peuple un contrat constitutionnel

Le crédit de la Bavière s'est élevé comme par miracle, avec l'éducation constitutionnelle que le souverain de ce royaume a donnée à son peuple.

Les grands ducs de Saxe-Weimard, de Hesse-Darmstatd, de Nassau, en accordant à leurs sujets des gouvernemens représentatifs, ont fait cesser les troubles, les mécontentemens.

Les Rois de Prusse, de Piémont, de Naples, au contraire, n'ont pas suivi ces exemples, et tandis que les princes constitutionnels se font adorer par leurs peuples, dont le bonheur est leur ouvrage, et qu'ils ressentent la vérité de ce passage de Daguesseau : « Que les plus nobles images de la divinité, les rois, que l'écriture appelle les dieux de la terre, ne sont jamais plus grands que lorsqu'ils soumettent toute leur grandeur à la justice, et qu'ils joignent au titre de maîtres du monde, celui d'esclaves de la loi ». (1) Ferdinand, Frédéric, Emmanuel, sont obligés d'être cruels pour être tranquilles, et de remplir les cachots d'illustres citoyens, pour ne point entendre les reproches, les murmures, les menaces de leurs sujets.

____

(1) Lettres sur la profession d'avocat, tom Ier p. 474.

Pour punir de légitimes vœux, pour punir de justes prétentions, pour enfreindre avec impunité leurs promesses, une conspiration secrète des rois contre leurs peuples a été conclue. Frédéric a contenu son peuple, consterné par les menaces du despotisme. Ferdinand, Emmanuel ont appelé l'étranger dans les belles plaines de l'Italie, ont livré la terre des Camille, des Scipion, des César, à la rapacité, au brigandage des barbares du nord, ont dirigé le fer des sicaires de la tyrannie sur la poitrine de leurs enfans. Sourds à leurs prières, ils s'en sont séparés, ils ont rompu avec eux. C'est à travers des campagnes désolées, à la vue des gibets élevés pour le patriotisme, qu'ils ont regagné un trône, du haut duquel ils veulent régner par la force, par la terreur ; ignorant sans doute, que ce qu'a créé la force, la force peut le détruire ; que sous un tyran, sous un despote, l'obéissance n'est point un devoir ; que la violence ne peut être durable ; que les menaces du despotisme peuvent bien contenir un moment les peuples consternés, mais que la liberté étant dans tous les cœurs, quelques milliers de bayonnettes étrangères ne peuvent long-tems empêcher la volonté d'une nation de se manisfester et de triompher des entraves de l'arbitraire. Tarquin fut justement chassé de Rome ; l'expulsion de Louis XI, du trône de ses pères, n'eût point été un crime : le Danemarck entier applaudit à la déposition solennelle du tyran Christian II ; les membres des quatres États de la Suéde, furent unanimes pour ôter la couronne à Eric, fils de Gustave Vasa, pour la donner à Jean son frère. Celui, dit

Voltaire, qui fait le malheur d'un peuple, n'est pas digne d'en diriger les destinées.

Pour avoir voulu être Souverain absolu dans les Pays-Bas; pour avoir voulu abroger toutes les lois, imposer des taxes arbitraires, créer de nouveaux Évêques et rétablir l'inquisition, Philippe II perdit la Hollande, et malgré ses généraux, ses armées, et l'or du nouveau monde, le duc d'Albe et ses bourreaux, il vit fonder la république des États Unis, qui pendant quarante ans ressembla à Lacédémone, repoussant et triomphant enfin du grand roi.

Pour avoir violé un sauf-conduit, pour avoir outragé les Bohémiens par la mort de deux de leurs compatriotes, Sigismond, empereur d'Allemagne, roi de Hongrie, trouva quarante mille vengeurs des Jean Hus et de Jérôme de Prague, qui lui fermèrent pendant seize ans le trône de Bohême.

De nos jours, Napoléon lui-même a tout perdu, parce qu'il a heurté les idées du siècle, parce qu'il a voulu se mettre au-dessus des lois, tandis que Louis XVIII, par la promulgation de sa Charte immortelle, s'est ouvert les portes de la France, et a été appelé du beau nom de *Désiré*, parce qu'avec la paix, il offrait alors aux Français, la liberté, l'égalité, la justice, l'oubli et l'union.

Tant que fidèle à ses promesses, ce monarque oublia les jours d'orage; tant qu'il respecta les nouvelles gloires; tant qu'il ne força pas le sanctuaire des consciences; tant qu'il ne distingua pas entre les Français de l'émigration et les Français de la nouvelle France ; tant qu'il préféra le mérite à la naissance ; tant qu'il opposa sa Charte aux sentimens fougueux des amans du despotisme, la vérité à l'erreur, la foi à l'injustice, il fut aimé, chéri, fort et puissant. Mais aussitôt que des mains insensées portèrent les premiers coups sur la pierre angulaire de l'édifice social, la nation fit divorce avec son Roi ; l'exil fut une seconde fois le partage du petit fils de Henri IV, et le bandeau des rois orna de nouveeu la tête de l'Homme du 18 brumaire.

Depuis le second retour du Roi, au milieu de ses peuples, la France a été calme tant qu'on n'a pas touché à ses libertés ; elle a été agitée lorsqu'on les a de nouveau menacées.

La France n'a pas été agitée en 1817, lorsqu'on espérait un retour vers l'ordre constitutionnel ; elle ne l'a point été en 1818, lorsque le ministère promettait les institutions garanties par la Charte ; ce ne fut point en 1819, lorsque le gouvernement accorda la liberté de la presse, la liberté individuelle, qu'éclatèrent les plaintes, que se fomentèrent les conspirations.

Mais la France a été agitée en 1815, lorsque les sicaires du midi couvraient la terre de sang et de victimes ; lorsqu'une loi d'amnistie, digne copie de celle que le Néron du nord donna à ses sujets, pour les faire égorger plus aisément, eût livré à leurs bourreaux ou aux horreurs des cachots d'illustres citoyens ; elle a été agitée, lorsqu'une loi des suspects couvrît nos départemens de prévôts et de bourreaux, er quand on vit des milliers de citoyens traînés de

province en province, d'exil en exil, sur l'ordre arbitraire d'un préfet ou d'un agent de police; elle a
été agitée en 1820, « lorsqu'au lieu d'ajouter à la
Charte toutes les garanties qui pouvaient en assurer
les bienfaits (1) », on la déchirait par lambeaux, on
enlevait chaque jour à la France quelques unes de
ses libertés.

Ce fut, lorsque les départemens de l'Isère, d'Ile-
et-Vilaine, du Gard, du Rhône, des Bouches-du-
Rhône, de Vaucluse, de la Gironde, de l'Hérault,
furent infectés d'une bande d'infâmes brigands, agens
du gouvernement occulte; lorsque le fatal tombereau
parcourait les rues de Lyon, que sans égard au sexe,
à l'âge, les têtes tombaient sur l'échafaud au son
d'une musique guerrière; qu'à Avignon, un maréchal
de France était égorgé; que son corps était livré aux
animaux carnassiers; que les Ramel, les Lagarde,
tombaient sous le fer assassin; qu'à Marseille, le
sang des officiers, des soldats, de ceux qu'on nom-
mait Bonapartistes, coulait au nom du petit fils de
Henri IV; qu'à Nismes, les Trestaillons, les Truf-
femi, les Hours, les Servant, les Gilles, les Aimé,
les Maurien, les Renaud, se rendaient célèbres par
leurs forfaits, commettaient impunément toutes sortes
d'horreurs, incendiaient les habitations, exhumaient
les morts, fusillaient les protestans, crêvaient les
yeux, coupaient les oreilles aux blessés, ou les ache-
vaient à coups de crosse de fusil; que dans cette même
ville, la garnison assiégée dans sa caserne, après avoir

____

(1) Paroles du Roi, prononcées le 28 juin 1815.

capitulé, après avoir posé les armes, était massa-
crée ; que des paysans étaient exécutés sans jugement ; qu'à Montauban , des sous-officiers étaient
égorgés sans pitié comme sans motif, au milieu d'un
paisible repas ; qu'à Montpellier , qu'à Avignon , qu'à
Uzès, les cadavres étaient exhumés , déchirés , traînés
dans la fange ou écrasés sous la pierre ; que des assassins dansaient autour de ce vaste tombeau (*h*) ; ce fut
alors que la France réclama ; que les victimes de
l'impitoyable aristocratie invoquèrent la justice, ap-
pelèrent des vengeurs. Ce fut, lorsque des lettres de
cachet, des chaînes , des cachots, l'arbitraire , furent
accordés aux Français, que les Français se plaigni-
rent, murmurèrent, que les conspirations éclatèrent,
et non lorsque l'union de tous les citoyens, l'exécution des lois, la tolérance, le maintien de nos libertés , étaient commandés par le monarque et exécutés par ses ministres.

Que les agens du pouvoir abdiquent leur despotisme ministériel , qu'ils renoncent à l'espoir d'établir
le pouvoir absolu de leurs maîtres sur les ruines de
la liberté du peuple ; qu'ils respectent les droits de
l'homme et du citoyen ; qu'ils fassent chérir, et non
redouter le Monarque , et ils auront plus fait pour le
bonheur public et pour la tranquillité du prince, que
tous ces monumens de despotisme et de tyrannie
qui ne font qu'enflammer les esprits et les appeler à
la veageance.

Le gouvernement se plaint de l'exagération des
principes de la jeunesse française , et il se plaint de

la part qu'elle prend aux délibérations des lois de
son pays ; il se plaint des vœux qu'elle forme pour
la cause sacrée de la liberté des peuples, des malé-
dictions qu'elle fait entendre contre les despotes de
l'Univers ; et pour reconquérir son amour, que fait-
il ? Il ferme aux étudians en droit la carrière qu'ils
s'étaient choisie ; il rend les charges vénales (1) ; il
en limite arbitrairement le nombre (2); il assujettit
les étudians à des réglemens modelés sur ceux qui
régissent les cochers de fiacre et les filles publiques ;
pour les vexer il transforme en loi les réglemens ridicules d'un conseil royal de l'instruction publique,
qui, outrepassant les limites de ses fonctions, étend
au-de-là de l'enceinte de l'école sa verge de fer, sur
l'élève remplissant ses droits de citoyen ; il défend
la prière sur la tombe d'un ami. L'accès du séjour
des morts est défendu par des bataillons de gendarmes ; on menace de l'exclusion des facultés celui qui
osera pleurer sur le sort de la victime de l'arbitraire,
sur le sort de celui qui mourut pour son pays, dont
le dernier cri fut un hommage rendu à nos institutions (3).

Du résultat des élections dépend le salut de la
France ; il s'agit pour elle de l'existence même. Si
des noms populaires sortent de l'urne électorale, de
longues années de félicité sont garanties au peuple et

----

(1) Loi sur le budget du 26 août 1816.

(2) Ordonnance du Roi du

(3) Arrêté du conseil royal de l'instruction publique du 14
juin 1821.

au Monarque ; si au contraire les partisans de l'ancien régime triomphent , l'esclavage , le deuil , la mort désoleront de nouveau nos campagnes. 1815, 1816, 1820 n'avaient présenté à nos regards , tantôt attendris , tantôt indignés , tantôt pleins d'épouvante , que des victimes isolées , des forfaits partiels , des catastrophes locales ; nous regrettions , il est vrai , des morts illustres , des milliers de braves lâchement égorgés ; nous faisions, avec douleur , le long dénombrement des Français qui ont misérablement péri depuis 1815 et des Français plus infortunés qui vivent encore dans l'exil , dans les cachots , dans la détresse. L'ombre sanglante des Brune , des Lagarde , des Ramel , des Chartron , des frères Fauché , demandaient des vengeurs. Les Carnot , les Merlin , sur un sol inhospitalier , tendaient leurs bras vers la terre de la patrie ; nous avions ouï parler des sentences télégraphiques , du fatal tombereau , des massacres du midi ; nous avions vu la bienfaisance dénoncée , calomniée , proscrite et condamnée ; nous avions vu la vertu outragée , le mot d'indignité prononcé contre un vieillard vénérable , le courage civil récompensé à une époque par un ministre du Roi , et censuré dans une autre par une Cour souveraine, présidée par ce même ministre ; nous avions vu les anciens défenseurs de la patrie , destitués, renvoyés et mis en surveillance sur le sol même qu'ils avaient protégé pendant trante ans ; nous avions vu des fauteurs de l'arbitraire chercher des victimes , les provoquer au crime et les conduire à l'échafaud (*i*) ; nous avions vu un gouvernement occulte dépenser les trésors de l'État (*j*), armé de la torche et du glaive, soudoyer des assassins, payer des estafettes et tenir à ses ordres des Séides ; nous avions vu le nom de la Charte proscrit, une nombreuse jeunesse foulée par les chevaux, entassée dans les cachots et condamnée pour avoir fait entendre ce cri de liberté (*k*) ; .... Nous gémissions sur ces attentats ; nous ne pouvions nous expliquer des impunités scandaleuses ; navrés, inquiets, nous attendions tout du temps...... Si l'oligarchie triomphe, il n'est plus d'espérance !

C'est du sang qu'elle a soif ; c'est du sang qu'elle demande : aux crimes qu'elle à déjà commis, elle ajoutera de nouveaux crimes. Tout ce que le mépris pour l'espèce humaine pourra inventer d'actes arbitraires, de tyrannies légales et d'atrocités superstitieuses peseront alors sur les vainqueurs de Marengo, et les fils aînés de la liberté ne seront bientôt plus qu'un vil troupeau d'esclaves.

NOTES.

(*a*) L'anarchie, le brigandage qui désolaient l'Europe ;
dans le temps de la décadence de la maison de Charlemagne, donnèrent naissance à la chevalerie. Les ducs,
comtes, vicomtes, vidames, châtelains, étaient devenus
souverains de leurs terres. Tous se firent la guerre. Deux
ou trois bourgades composaient un petit état, combattant
sans cesse contre ses voisins. Plus de communication entre
les provinces, plus de grands chemins, plus de sûreté pour
les marchands, dont pourtant on ne pouvait se passer ;
chaque possesseur d'un donjon les rançonnait sur sa route :
beaucoup de châteaux, sur les bords des rivières et aux
passages des montagnes, ne furent que de vraies cavernes
de voleurs. On enlevait les femmes, ainsi qu'on pillait les
marchands.

(*Voltaire, Essai sur les Mœurs, chapitre* 97.)

Au quatorzième et quinzième siècle, l'Allemagne res-
semble à un véritable coupe-gorge, et si quelquefois la
justice se montra aux peuples, ce ne fut que dans les villes,
grâce à la sagesse de la bourgeoisie. La ligue des villes
avait pour but de maintenir la sûreté générale, celle des
nobles ne produisit jamais que désordres, injustices,
pillage et anarchie. Certes, s'il était permis de s'énor-
gueillir de ses aïeux, les bourgeois auraient des titres
honorables pour se faire pardonner cette faiblesse : quant
aux nobles, ils n'auraient qu'à citer des voleurs de grands
chemins, ou des assassins.

(*Considérations politiques sur l'état actuel de l'Allemagne, page* 30 *, par le professeur Fischer.*)

Sous le règne de Louis XIII, la noblesse cantonnée
dans ses châteaux, ou montant à cheval pour aller servir
un gouverneur de province, ou se rangeant auprès des

princes qui troublaient l'état, opprimaient les cultivateurs.
Les villes étaient sans police, les chemins impraticables et
infectés de brigands.

(*Voltaire, Essai sur les Mœurs, chapitre* 175.)

(*b*) En 1696, le contrôleur - général Pontchartrain,
vendit des lettres de noblesse pour deux mille écus ; cinq
cents particuliers en achetèrent

(*Voltaire, Siècle de Louis XIV, chapitre* 3o.)

Jacques Ier., roi d'Angleterre, créa deux cents cheva-
liers baronnets héréditaires, moyennant la rétribution de
deux mille schellings, pour chacun d'eux.

(*Voltaire, Essai sur les Mœurs, chapitre* 179.)

Aujourd'hui on peut être, pour la somme totale de six
cents francs, chevalier, soit de l'ordre du Saint-Sépulcre,
de Malte, de l'Éperon d'Or, ou de Hohenlohe.

(*c*) Voilà quelques - unes des sommes distraites du
domaine extraordinaire, arrachées à nos vieux guerriers,
à leurs veuves ou à leurs orphelins, et accordées depuis 1814
jusqu'à nos jours.

« Aux quatre premiers gentilshommes de la chambre,
pour être réparti entre eux, un revenu de 8oo,oo francs.

Au grand-maître de la maison du Roi,
un revenu de......................... 100,000 fr.

Au grand-maître de la garderobe, un revenu de............................... 2o,000 fr.

Au grand aumônier, un revenu de....... 100,000 fr.

Au grand chambellan, un revenu de..... 100,000 fr.

Au grand écuyer, un revenu de........ 1oo,000 fr.

Il fut en outre alloué, depuis le 1er. janvier 1815, en
traitemens, appointemens et secours divers 1,5oo,000 fr.

A madame Moreau.................... 3oo,000 fr.

A madame d'Aremberg................ 75o,000 fr.

A la fille de M. Bonchamp, général

vendéen , à titre de dotation............. 120,000 fr.
etc. »

(*Extrait du discours prononcé par M. de Corcelles ,
député du Rhône , sur l'emploi des fonds du domaine
extraordinaire , à la séance du 4 juillet 1820.*)

(*d*) La législation anglaise , dit Mᵉ. Dupin , jeune ,
offre à chaque pas des garanties contre l'oppression et la
tyrannie , la nôtre n'en offre , pour ainsi dire , aucune. On
semble avoir cru chez nous que c'est le pouvoir qu'il faut
renforcer contre les citoyens , et non les citoyens qu'il
faut protéger contre le pouvoir. Le jury en Angleterre est
une constitution forte , populaire , assise sur des bases so-
lides, capables d'assurer la liberté publique. En France ,
c'est une institution despotique parée des couleurs de la
liberté ; c'est un moyen d'oppression présenté au peuple
comme un gage de liberté. Avec le jury , tel qu'il est suivant la loi anglaise , le roi lui-même ne pourrait porter
atteinte à la liberté , à l'honneur , à la vie du dernier de ses
sujets ; avec le jury, comme l'a fait Bonaparte, les citoyens
sont à la merci du pouvoir , et le gouvernement pourrait
faire tomber la tête de quiconque aurait encouru sa haine.
Il ne faudrait pour cela qu'un préfet , un président , un
procureur — général , que le gouvernement peut choisir à
son gré , dans des hommes passionnés et sanguinaires. Le
premier dressera une liste des jurés à sa dévotion , les
deux autres feront subir à cette liste une double épura-
tion , et la condamnation sera infaillible. »

. (*Thémis ou Bibliothèque des Jurisconsultes, tome* 2,
page 215.) . . , ...

« Rien n'est plus fréquent , dit un ancien magistrat ,
avocat à la Cour royale de Rouen , que d'avoir des procès
dont les premiers interrogatoires des détenus remontent à
plus d'une année de date. L'histoire de la procédure cri-

minelle nous offre des exemples de la durée du secret pendant plusieurs mois, et même des années. On viole habituellement, et avec impunité, le domicile des citoyens, et on exécute arbitrairement des mandats de justice. »

(*Des vices et des abus de l'instruction criminelle en France ; par M. Tougard.*)

(*e*) « Sous le règne de Louis XIV, sous le ministère de Colbert, on condamnait à des peines infamantes les ouvriers qui s'écartaient des réglemens établis pour fixer la largeur d'une étoffe, le nombre de fils de la chaîne, la nature de la soie, du fil qu'on devait employer : on a long-temps, dit Voltaire, appelé ces réglemens ridicules et tyranniques, une protection accordée aux arts. »

(*Siècle de Louis XIV, chapitre* 29.)

« On a de peine à croire, dit encore Voltaire, dans un autre ouvrage, que le parlement de Paris, en 1621, défendît, sous peine de mort, de rien enseigner de contraire à Aristote et aux anciens auteurs, et qu'on bannît de Paris un nommé Clave et ses associés, pour avoir voulu soutenir des thèses contre les principes d'Aristote, sur le nombre des élémens, et sur la matière et la forme. »

(*Essai sur les Mœurs, chapitre* 175.)

(*f*) N°. 86. Les sieurs Giffret et Rault, propriétaires à Vicheville, (Orne), se plaignent du desservant provisoire de cette commune, qui a refusé les sacremens à leur père et beau-père, à l'article de la mort, prétendant qu'il ne pouvait absoudre quiconque était détenteur de biens nationaux. M. Siméon reconnaît l'exactitude des faits. La chambre passe à l'ordre du jour. — Séance du 8 mars 1821.

(*g*) Ce ne sont pas les hommes qui doivent gouverner des hommes, c'est la loi. Otez aux administrateurs cette mesure commune, cette règle de leurs jugemens, il

n'y aura plus de droit, plus de sûreté, ni de liberté civile. Dès-lors on ne verra qu'une foule de décisions con-
tradictoires, que des réglemens passagers qui s'entrecho-
queront, que des ordres qui, faute des maximes fondamentales, n'auront aucune liaison entre eux. Si l'on
déchirait le corps des lois, dans l'empire même le mieux
constitué par sa nature, on verrait bientôt que ce ne serait
pas assez d'être juste, pour le bien conduire. La sagesse
des meilleures têtes ne suffirait pas. Comme elles n'auraient
pas toutes le même esprit, et que l'esprit de chacun ne
serait pas toujours dans la même situation, l'État ne tar-
derait pas à être bouleversé.

Reynal.

(*h*) « Croirait-on, dit M. Durand, témoin oculaire
de ces scènes d'horreurs, croirait-on que cette barbarie
s'est étendue jusque dans toutes les classes? Qu'un sexe
moins inhumain que le nôtre, y a partout applaudi;
croirait-on qu'on a entendu une jeune fille de quinze ans
raconter qu'elle avait été forcée de soigner les blessures
d'une des victimes des fureurs populaires, et ajouter,
après son récit, ces mots d'une froide cruauté : Heureusement il mourut ! »

(Marseilles, Nîmes et ses environs, en 1815.)

« Un père et son fils, liés ensemble dos à dos, sont livrés en cet état à la populace, ils implorent d'elle une
mort prompte ; mais vainement. Plusieurs heures s'é-
coulent, pendant lesquelles ils ont à souffrir des tourmens
inouis. Des coups de bâton, de pierres, de crosse de
fusil, font jaillir de temps en temps le sang du fils sur son
père, le sang du père sur son fils, et le trépas peut seul
les soustraire à la rage des assassins. »

Ibid.

» Une négresse, qui servait les mameloucks, se trouvait

sur le port de Marseille. — Crie vive le Roi, lui dit le peuple. Non, s'écria-t-elle, Napoléon me fait vivre : vive........ Traînée dans la fange, elle reçoit un coup de bayonnette dans le ventre, et y portant la main pour retenir ses entrailles, elle s'écrie encore : Scélérat! vive.... On la pousse dans l'eau, elle touche au fond, reparaît à la surface, et répète le même cri. Une balle l'atteint. Elle expire. »

Ibid.

« Les militaires partent de Marseilles. Le peuple, qui déjà avait éclairci leurs rangs, mais dont la vengeance n'était pas encore satisfaite, va camper aux portes de la ville, derrière un mur qui le cachait. Les soldats passent sous ce mur, et sont assaillis d'une décharge qui en tue un grand nombre ; le reste se retire dans un désordre effrayant.

Ibid.

« Je vis en plein jour, a dit l'illustre Madier de Montjau, devant la cour suprême, une femme protestante, dépouillée de tous ses vêtemens, promenée autour des boulevards de la ville. Deux fourches de bois, arrêtées sous les aisselles par deux hommes, soutenaient la victime dans sa marche : elle était frappée de distance en distance, et ses cris étaient étouffés par les cris de vive le Roi ! »

(*Plaidoyer de M. Madier : Recueil général des lois et arrêts, tome* 21 , *page* 67 , *première partie.*)

(1) Ainsi, dans l'affaire de Plaignier, à Paris, dans celle de Randon, à Bordeaux, dans la conspiration de Lyon, dans celle prétendue du bord de l'eau, dans celle de Bretagne, dans celle de l'Est, dans celle du 19 août, partout enfin, on a vu les mains de la police conspirer ou protéger les conspirations, préparer l'effusion du sang français sur les échafauds, ou sur le terrain de la rebellion.

Ainsi on a vu récemment un nommé Vauversain, espion de la police, autrefois signalé comme septembriseur, attiser le feu si dangereux des attroupemens des 4 et 5 juin. Ainsi le même Vauversain, et un autre agent provocateur, nommé Chignart, ont seuls poussé au crime l'infortuné Millard, et déterminé, par leur seul témoignage, sa condamnation à une peine capitale. Ainsi, c'est un Leydet, autre agent de police, qui, sous les yeux de tout Paris, au scandale de la population entière, a été surpris provoquant de la manière la plus honteuse l'attentat commis par Gravier et Bouton. Ainsi encore, dans la conspiration de l'Est, c'est un Jeannin, qui force des habitans paisibles à crier vive l'Empereur, afin de les dénoncer ensuite ; c'est un Gropiat, qui cherche à provoquer, par des lettres simulées, de vieux militaires à la sédition et au soulèvement.

(j) « Le domaine extraordinaire possédait au 30 mai 1814, sur les biens dont on avait disposé, un revenu de...................................... 32,545,000 fr.

Et sur ceux restés libres, un revenu de 8,350,000 fr.

Total..... 40,895,000 fr.

» Son actif, soit en caisse, soit en porte-feuille, soit en sommes à recouvrer était de...................................... 348,800,000 fr.

» L'intérêt du portefeuille, placé au trésor à 4 pour 100, chez des fabricans et négocians à 2 1/2 pour 100, montait de 8 à...................................... 10,000,000 fr.

Total..... 358,800,000 fr.

» Sommes à laquelle on pouvait ajouter comme garantie par les traités, et acquis à titre onéreux, soit de particuliers, soit de l'État, pour le domaine extraordinaire.

.... 12,000,000 fr.

» Et de plus comme garantis par les traités, et acquis à titre onéreux, par les donataires qui avaient rendu ces biens aux souverains des pays où ces biens étaient situés .... 3o,000,000 fr.

Total..... 42,000,000 fr.

» Un revenu de 4o,8g5 mille francs, et de plus un capital de 358,8o●,ooo francs en caisse, ou en recouvrement, auquel on ajoutait quarante-deux millions en répétition bien valables, constituait un beau domaine. Une loi ordonnait d'en produire les comptes ; et pendant qu'on les attendait, le domaine disparut, ou du moins fut réduit, dans l'intervalle du 3o mai 1814, au 1er. janvier 1819, de 4o,8g5,ooo francs de revenu, à 1,5oo,ooo francs. »

(*Extrait du discours prononcé par M. de Corcelles, à la séance du 4 juillet* 18:o.)

Les taxes de guerre imposées à la France, par l'Europe coalisée, s'élevèrent à 7oo millions ; les sommes distribuées aux Vendéens, aux émigrés et aux nobles, provenant des dépouilles de nos braves, vont au double de cette somme.

(*k*) Par arrêté du 10 juin 1820, la commission de l'instruction publique a exclu, pour avoir fait partie des rassemblemens des premiers jours de juin, des cours auxquels ils appartenaient, les étudians dont les noms suivent :

Dans la Faculté de Droit.

Larilavoix, Robert.

Grenier, Félix.

Parfait, Louis-Pierre.

Anceau, Édouard.

Robin, Claude-Pierre-Martial.
Gallot, Lucien.
Cailleteau, Eugène.
Degeorge, Frédéric.

Dans la Faculté de Médecine.

Anfray, Edme-Emmanuel.
Ecol, Prudent.
Moulin, Jean-Antoine.
Born, Henri.
Giroux, Pierre-Louis.

Cette décision viole ouvertement toutes les règles de droit, tous les principes de justice, que les membres du conseil royal de l'instruction publique sont appelés à enseigner.

Treize étudians ont été exclus des Facultés de droit et de médecine. Leur existence, leur état, leur avenir, leur ont tout-à-coup été enlevés, sans qu'il leur ait été permis d'user de cette faculté naturelle à l'homme, de faire entendre leurs moyens de justification : accusés, aucun d'entre eux n'a été admis à se défendre.

En violation de toutes lois, au mépris de tous sentimens de justice et de raison, qui veulent qu'on ne puisse déclarer coupable ce que la loi ne déclare pas tel ; qui veulent qu'on ne puisse disposer pour le passé ; les membres du conseil royal de l'instruction publique, donnant un effet rétroactif à leur arrêté du 5 juin 1820, en ont rendu les dispositions applicables et prononcé les peines prévues par l'article premier, à des étudians, tels que M. Larilavoix, emprisonné antérieurement à la publication de cet arrêté.

Pour être rayé des registres des Facultés de droit ou de médecine, il fallait, d'après l'arrêté du 5 juin, être convaincu d'avoir pris part à des attroupemens illicites et à

des troubles et voies de fait ; et cependant, non-seulement
on a puni un grand nombre d'étudians sans avoir aucune
preuve de leur culpabilité, mais encore, on a exclu de
la Faculté des personnes telles que M. Degeorge, qui n'a-
vait fait partie d'aucun attroupement, à qui même il
avait été physiquement impossible de se trouver dans des
rassemblemens.

Cet étudiant, que je connais particulièrement,
éprouva toutes sortes de vexations. Arrivé à Paris
le 7 juin au soir, d'un voyage qu'il avait fait dans
sa famille, il y fut arrêté le 8, au moment où il sortait
de dîner chez Prévost, restaurateur au Palais-Royal. Conduit à l'état-major de la place Louis XV, devant des commissaires interrogateurs, il y était à peine que deux *hon-
nêtes citoyens* s'empressèrent de l'accuser de voies de
fait exercés par lui, disaient-ils, sur un gendarme, le 6
juin au soir, heure ou il était encore à trente lieues de
Paris, ainsi que le constatèrent les registres des messa-
geries de l'Éclair. M. Degeorge, poussé par une juste
indignation, s'étant emporté contre ces lâches délateurs,
fut maltraité par ses gardes ; s'en étant plaint à un com-
mandant d'état-major, il ne reçut d'autre consolation
qu'un sourire ironique et l'assurance qu'il était très-
heureux qu'on ne l'eût point maltraité davantage. Ce fut
là que ce jeune homme vit des êtres à qui je n'ose donner
le nom d'hommes, se réjouir de la mort supposée de
M. Chauvelin, l'annoncer à leurs prisonniers, et rire
de la douleur que cette nouvelle faisait éprouver à mon
ami. Après un interrogatoire de trois heures, M. Degeorge fut conduit à la préfecture de police par plus de
vingt gendarmes, les fers aux mains, sans qu'il lui fût
permis de prendre un fiacre. Là, il fut de nouveau
interrogé, des perquisitions furent faites à son domicile,

ses papiers saisis, les lettres qu'il portait à des amis de la part de leurs parens, furent décachetées malgré l'opposition formelle du prévenu (1); et quoiqu'il ne se trouvât rien de coupable ni dans la conduite, ni dans les actions, ni dans les écrits de M. Degeorge, il ne fut mis en liberté qu'après avoir été détenu encore six jours à la Force, sur l'ordre illégal de M. Mounier, et après, grâce à la bonté de ce magistrat intègre, avoir éprouvé pendant tout ce temps les horreurs du secret.

Reconnu enfin innocent, M. Degeorge n'obtint cependant pas encore sa réintégration à l'école de de droit; le 6 décembre, le Conseil royal de l'instruction publique, au lieu d'être juste entièrement, ne fit que commuer à une exclusion d'un an la peine portée en sa décision du 10 juin. M. Bellart a refusé la délivrance à M. Degeorge des copies de ses interrogatoires.

----

(1) Dans aucun cas, a dit M. Bavoux, le secret des lettres ne doit cesser d'être inviolable.

www.ingramcontent.com/pod-product-compliance
Lightning Source LLC
Chambersburg PA
CBHW061257050726
47594CB00004B/1521